세상의 모든 것들은 시간과 더불어 낡아 간다. 우리가 사용하는 언어도 마찬가지다. 어느 순간 우리 가슴을 설레게 했던 '사랑'이라는 말도 일상의 무게 혹은 권태에 짓눌려 낡은 말이 되었다. 사랑이라는 단어는 폐기되어야 할까? 그렇지 않다. 사랑이라는 단어에 새로운 숨결을 불어넣어야 한다. 저자는 고린도전서 13장 읽기를 통해 그 작업을 수행하고 있다. 읽는 내내 '수덕교본'을 읽는 듯한 느낌이 들었다. 하루에 한 차례씩 이 글을 읽으면 우리 내면에 덕적덕적 달라붙은 더러운 것들이 떨어져 나갈 것 같다. 삶은 사랑을 배울 절호의 기회다. 이 책은 사랑의 모험에 나서는 이들에게 좋은 길잡이가 될 것이다.

**김기석** 청파감리교회 담임 목사

사랑, 세상에서 가장 위대한

IVP(InterVarsity Press)는
캠퍼스와 세상 속의 하나님 나라 운동을 지향하는
IVF(InterVarsity Christian Fellowship)의 출판부로
생각하는 그리스도인을 위한 문서 운동을 실천합니다.

Originally published by Hodder&Stoughton, London in 1890 under the title
*The Greatest Thing in the World* by Henry Drummond

Korean Edition ⓒ 2018 by Korea InterVarsity Press
156-10 Donggyo-Ro, Mapo-Gu, Seoul 04031, Korea

이 한국어판의 저작권은 IVP에 있습니다.
신 저작권법에 의하여 한국 내에서 보호받는 저작물이므로
무단 전재와 무단 복제를 금합니다.

# 사랑, 세상에서 가장 위대한

헨리 드러몬드

**IVP**

차례

바울로부터 — 8

세상에서 가장 위대한 것 — 11

사랑의 대조 — 17

사랑의 분석 — 21

사랑의 옹호 — 47

바울로부터

❀

내가 사람의 방언과 천사의 말을 할지라도 사랑이 없으면 소리 나는 구리와 울리는 꽹과리가 되고, 내가 예언하는 능력이 있어 모든 비밀과 모든 지식을 알고 또 산을 옮길 만한 모든 믿음이 있을지라도 **사랑**이 없으면 내가 아무 것도 아니요, 내가 내게 있는 모든 것으로 구제하고 또 내 몸을 불사르게 내줄지라도 **사랑**이 없으면 내게 아무 유익이 없느니라.

사랑은 오래 참고
사랑은 온유하며
시기하지 아니하며
사랑은 자랑하지 아니하며

교만하지 아니하며

무례히 행하지 아니하며

자기의 유익을 구하지 아니하며

성내지 아니하며

악한 것을 생각하지 아니하며

불의를 기뻐하지 아니하며 진리와 함께 기뻐하고

모든 것을 참으며 모든 것을 믿으며 모든 것을 바라며

모든 것을 견디느니라.

사랑은 언제까지나 떨어지지 아니하되 예언도 폐하고 방언도 그치고 지식도 폐하리라. 우리는 부분적으로 알고 부분적으로 예언하니 온전한 것이 올 때에는 부분적으로 하던 것이 폐하리라. 내가 어렸을 때에는 말하는 것이 어린 아이와 같고 깨닫는 것이 어린 아이와 같고 생각하는 것이 어린 아이와 같다가 장성한 사람이 되어서는 어린 아이의 일을 버렸노라. 우리가 지금은 거울로 보는 것 같이 희미하나 그 때에는 얼굴과 얼굴을 대하여 볼 것이요. 지금은 내가 부분적으로 아나 그 때에는 주께서 나를 아신 것 같이 내가 온전히 알리라. 그런즉 믿음, 소망, 사랑, 이 세 가지는 항상 있을 것인데 그 중의 제일은 **사랑**이라.

- 고린도전서 13장

# 세상에서 가장 위대한 것

❦

예나 지금이나 사람이면 누구나 자신에게 묻는 최대의 질문이 하나 있습니다.

최고의 선(*summum bonum*)은 무엇인가?

우리 앞에는 단 한 번뿐인 삶이 놓여 있습니다. 그 삶 속에서 가장 고귀한 욕망의 대상, 탐내고도 남을 최고의 선물은 무엇입니까?

우리는 종교계에서 가장 위대한 것은 믿음이라는 말을 익히 들어 왔습니다. 그 위대한 단어가 수 세기 동안 대중 종교에서 으뜸 자리를 차지해 왔으니, 믿음이 세상에서 가장 위대한 줄로 여길 만도 합니다. 그러나 이는 오류입니다. 이런 말을 듣다 보면 핵심을 벗어날 수도 있습니다. 방금 읽은 고린도전서 13장을 통해 기독교의 밑뿌리로 들어가 보면, "그 중의 제일은 사랑이라"는 말씀이 보입니다. 이는 무심결에 내뱉은 실언이 아닙니다. 이 말을 하기 직전에 바울은 믿음에 대해 말했습니다. "산을 옮길 만한 모든 **믿음**이 있을지라도 사랑이 없으면 내가 아무 것도 아니요." 간과하기는커녕, 일부러 단어 셋을 대조합니다. "**믿음, 소망, 사랑**, 이 세 가지는 항상 있을 것인데"라고 말한 다음 한순간도 주저하지 않고 결론을 내립니다. "그 중의 제일은 **사랑**이라."

이는 편견이 아닙니다. 사람은 흔히 자신의 강점을 타인에게 내세우기 마련입니다. 그런데 애초에 사랑은 바울의 강점이 아니었습니다. 관찰력이 예리한 사람이라면, 나이 들수록 성품 전반에 걸쳐 아름답게 성숙하고 무르익어 가는 바울의 온유함을 알 수 있을 것입니다. 그러나 "그 중의 제일은 사랑이라"고 쓴 바울의 손을 우리가 처음 만났을 때, 그 손은 피로 얼룩져 있었습니다.

고린도인들에게 보낸 이 편지에서 사랑을 최고의 선으로 꼽았다 해도 특별할 것은 없습니다. 기독교의 걸작들이 하나같이 이에 동의하니까요. 베드로가 말합니다. "무엇보다도 뜨겁게 서로 사랑할지니"(베드로전서 4:8). **무엇보다도** 말입니다. 요한은 한술 더 떠 "하나님은 사랑"(요한일서 4:8)이라고 합니다. 다른 곳에서 바울이 한 말은 더욱 의미심장합니다. "사랑은 율법의 완성이니라"(로마서 13:10). 바울이 무슨 뜻으로 그렇게 말했을까요? 당시 사람들은 십계명은 물론 십계명을 토대로 만든 수백 수십 개의 계명을 지켜 천국에 가고자 애썼습니다. 그런데 그리스도는 한결 단순한 길을 보여 주겠다고 말씀하셨습니다. 하나를 행하면, 그 수많은 계명에 대해서는 생각조차 하지 않고도 모두 행할 거라는 말씀입니다. 우리가 사랑한다면, 부지중에 모든 율법을 완성할 거라는 말씀입니다.

어떻게 그럴 수 있는지 쉽게 확인할 수 있습니다. 계명 가운데 어느 것이든 골라 보십시오. "너는 나 외에는 다른 신들을 네게 두지 말라"(출애굽기 20:3). 어떤 사람이 하나님을 사랑한다면, 우리는 그에게 그런 말을 할 필요조차 없을 것입니다. 사랑은 율법의 완성이니까요. "네 하나님 여호와의 이름을 망령되게 부르지 말라"(출애굽기 20:7). 여호와를 사랑하는 사람이라면 그분의 이름을 망령되게 일컬을 꿈이라도 꾸겠습니까? "안식일을 기억하여 거룩하게 지키라"(출애굽기 20:8). 기쁨이 넘치는 사람이라면 일곱 날 가운데 하루를 떼어 사랑하는 상대에게만 오롯이 바치지 않겠습니까? 사랑은 하나님에 관한 이 모든 율법을 완성할 것입니다. 마찬가지로 사람을 사랑하는 사람에게라면, 자기 부모를 공경하라는 말을 꺼낼 엄두조차 내지 못할 것입니다. 그런 사람이 사랑 말고 할 수 있는 건 없을 테니까요. 그런 사람에게 살인하지 말라는 말은 터무니없는 것입니다. 도둑질하지 말라는 말은 모욕으로 들릴 뿐입니다. 사랑하는 사람의 소유를 어찌 훔칠 수 있겠습니까? 이웃에 대해 거짓 증언하지 말라고 당부하는 것도 쓸데없는 짓입니다. 누군가를 사랑한다면, 거짓 증언일랑 아예 안중에도 없을 것입니다. 이웃의 소유를 탐내지 말라는 당부도 꿈조차 꾸지 못할 것입니다. 자기보다는 오히려

이웃이 그것을 갖길 바랄 것입니다. 이런 식으로 사랑은 율법을 완성합니다. 사랑은 모든 법을 완성하는 법이며 옛 계명 모두를 지키는 새 계명입니다. 또한 그리스도인의 삶에 내재된 그리스도의 비밀입니다.

이제 바울은 이 점을 깨닫고, 이 고귀한 찬사를 통해 최고의 선에 대해 현존하는 가장 놀랍고 독창적인 해설을 제시합니다. 이를 세 부분으로 나눌 수 있습니다. 짧은 본문 첫머리에서는 **사랑을 대조**하고, 몸통부에서는 **사랑을 분석**한 후, 꼬리부에서는 최고의 선물인 **사랑을 옹호**합니다.

사
랑
의
대
조

❧

바울은 먼저 당대의 사람들이 중요하게 생각하던 것들과 사랑을 대조합니다. 그것들에 대해 상세히 다루지는 않겠습니다. 그것들이 열등함은 이미 명백합니다.

바울은 사랑을 말재주와 대조합니다. 인간의 영혼과 의지에 작용하여 고결한 목적과 거룩한 행동을 유발하는 능력인 말재주는 참으로 고귀한 선물입니다. 바울은 말합니다. "내가 사람의 방언과 천사의 말을 할지라도 사랑이 없으면 소리 나는 구리와 울리는 꽹과리가 되고." 우리는 모두 그 이유를 알고 있습니다. 사랑 없는 말재주란 아무 감정 없이 말로만 때우는 것이고,

공허한 것이며, 설득력 없는 속빈 강정임을 우리는 다 느낍니다.

바울은 사랑을 예언, 신비, 믿음, 자선과 일일이 대조합니다. 어째서 사랑이 믿음보다 클까요? 목적이 수단보다 크기 때문입니다. 어째서 사랑이 자선보다 클까요? 전체가 부분보다 크기 때문입니다. 사랑이 믿음보다 큰 것은 목적이 수단보다 크기 때문입니다. 그렇다면 믿음이 있은들 무슨 소용이 있냐고요? 믿음은 영혼을 하나님과 연결합니다. 그렇다면 인간을 하나님과 연결하는 목적은 무엇일까요? 인간이 하나님처럼 되기 위함입니다. 그런데 **하나님은 사랑**이십니다. 그러므로 믿음이란 수단은 사랑이란 목적을 위해 있습니다. 따라서 사랑은 분명 믿음보다 큽니다.

또한 사랑이 자선보다 큰 것은 전체가 부분보다 크기 때문입니다. 자선은 사랑의 작은 한 부분에 불과합니다. 무수한 사랑의 길 가운데 하나일 뿐입니다. 심지어 사랑 없이도 큰 자선을 베풀 수 있습니다. 실제로 그렇습니다. 거리에 있는 걸인에게 동전 한 닢을 던져 주기는 아주 쉽습니다. 일반적으로 동전 한 닢 적선하는 편이 그러지 않는 편보다 더 쉬우니까요. 심지어 도움을 주지 않는 것이 사랑인 경우도 흔합니다. 우리는 달랑 동전 한 닢을 치르고는 비참한 광경을 보면서 드는 동정심을 털어 내며 안도하기도 합니다. 너무도 헐값이지요. 우리에게는 헐값이지만, 걸인에게는 너무도 소중한 경우가 흔하지만 말입니다. 우리가 참으로 그를 사랑한다면, 그를 위해 뭐라도 더 베풀 것입니다. 혹은 경우에 따라서는 덜해 줄 수도 있겠지요.

다음으로 바울은 사랑을 희생 및 순교와 대조합니다. 선교사가 되려는 분들에게 간청합니다. 자신의 몸을 불태워 준다 하더라도 사랑이 없으면 아무 소용이 없음을 명심하십시오. 정말 아무 소용이 없습니다! 이 방 세계로 가지고 갈 것들 가운데, 하나님의 사랑을 우리 자신의 인격에 새기고 반영하는 것보다 더 큰 것은 없습니다.

사랑은 우주적 언어입니다. 중국어나 인도의 여러 방언으로 말하기까지 여러 해가 걸립니다. 그러나 선교지에 도착하는 바로 그날부터, 모든 사람이 이해할 수 있는 사랑의 언어가 무의식의 말재주를 발휘할 것입니다. 선교사의 정체성은 말이 아닌 사람에 달려 있습니다. 인격이 곧 메시지입니다.

아프리카 내지 깊숙한 곳 거대한 호수 지대에서 흑인 남녀를 마주친 적이 있었는데, 그들 기억에 남아 있는 백인이라곤 데이비드 리빙스턴이 유일했습니다. 그 어두운 대륙에서 리빙스턴의 발자취를 따르다 보면, 오래전에 그곳을 거쳐 간 친절한 의사에 대해 말하는 사람들의 얼굴에서 빛이 나는 것이 보일 것입니다. 그들은 리빙스턴의 말을 이해하지는 못했지만, 그의 가슴속에서 고동치는 사랑은 느꼈던 것입니다.

자신의 생명을 바치는 거나 다름없는 새로운 영역으로 나아가 일할 때, 그런 단순한 매력을 품고 가십시오. 인생을 건 그 일은 반드시 성공할 것입니다. 그보다 큰 것은 가져갈 수도 없고, 그보다 작은 것은 가져가서도 안 됩니다. 더 작은 것을 가져가느니 차라리 가지 않는 편이 낫습니다. 모든 재능을 갖출 수도 있고 모든 것을 희생할 준비를 할 수도 있지만, 자신의 몸을 불태워 준다 하더라도 사랑이 없으면 자신은 물론 그리스도의 대의에도 아무 소용이 없습니다.

사
랑
의

분
석

❧

바울은 세 절에서 아주 짧게 사랑을 여러 덕목과 대조한 후, 이 최고의 선이 무엇인지 놀라운 분석을 제시합니다. 한번 살펴보겠습니다. 바울은 최고의 선이 복합적이라고 말합니다. 그것은 빛과 같습니다. 과학자가 한 줄기 광선을 크리스털 프리즘에 투과하면 프리즘 반대쪽에서 여러 성분의 색—빨강, 파랑, 노랑, 보라, 오렌지, 온갖 무지개 색—으로 나뉘어 보이듯이, 바울이 최고의 선인 사랑을 자신의 영화된 지성이라는 참으로 아름다운 프리즘에 투과하면 반대쪽에서는 여러 성분으로 나뉘어 보입니다. 이른바 사랑의 스펙트럼 혹은 사랑의 분석치를 몇 단어로 표현할 수 있는데, 그 구성 요소들을 살펴보겠습니다. 그것들이 평범한 개념들임을 발견할 것입니다. 하나같이 일상 가운데서 흔히 들을 수 있는 미덕들이고, 삶의 모든 자리에서 모두가 실천할 수 있는 것들입니다. 고귀한 것, 곧 최고의 선은 수많은 작은 것들과 평범한 덕들로 구성되어 있습니다. 사랑의 스펙트럼은 아홉 개의 요소로 구성되어 있습니다.

| | |
|---|---|
| 인내 | 사랑은 오래 참고 |
| 친절 | 사랑은 온유하며 |
| 관용 | 시기하지 아니하며 |
| 겸손 | 사랑은 자랑하지 아니하며 |
| | 교만하지 아니하며 |
| 예의 | 무례히 행하지 아니하며 |
| 비이기심 | 자기의 유익을 구하지 아니하며 |
| 온화한 성품 | 성내지 아니하며 |
| 정직 | 악한 것을 생각하지 아니하며 |
| 신실 | 불의를 기뻐하지 아니하며 |
| | 진리와 함께 기뻐하고 |

인내, 친절, 관용, 겸손, 예의, 비이기심, 온화한 성품, 정직, 신실—이러한 덕목들은 최고의 선물이며, 완전한 인간의 모습입니다. 이 모두는 미지의 영원이 아니라, 인간과 삶 그리고 이미 알고 있는 오늘 및 가까운 내일과 관련되어 있습니다. 우리는 **하나님** 사랑에 대해 많이 듣지만, 그리스도는 **인간** 사랑에 대해 많이 말씀하셨습니다. 우리는 하늘과의 평화를 많이 이루려고 하지만, 그리스도는 땅 위에서의 평화를 많이 이루셨습니다. 종교는 이질적이거나 부가된 것이 아니라, 세속의 삶에 깃든 영감, 곧 이 속세를 관통하는 영원한 영의 호흡입니다. 요컨대, 최고의 선은 단 하나로 고정된 것이 아니라, 모든 평범한 날들 전체를 구성하는 무수한 말과 행동을 끝마무리 짓는 것입니다.

이들 구성 요소 각각에 대해 간략히 설명하겠습니다. 사랑은 **인내**입니다. 인내는 사랑의 자연스러운 태도로서, 수동적 사랑이자 뭔가 시작되기를 기다리는 사랑입니다. 서두르지 않고 잠잠하며, 부름받을 때 일할 준비가 되어 있되 온순하고 고요한 마음으로 단장하고 있는 것입니다. 사랑은 오래 참고, 모든 것을 견디며, 모든 것을 믿으며, 모든 것을 바랍니다. 사랑은 이해하는 것, 그래서 기다리는 것이기 때문입니다.

**친절**. 능동적 사랑입니다. 그리스도가 친절을 베푸시느라 자신의 생애에서 얼마나 많은 시간을 사용하셨는지 생각해 본 일이 있는지요? **순전히** 친절을 베푸시는 데 말입니다. 이런 시각으로 그리스도의 생애를 훑어보십시오. 단순히 사람들을 행복하게 하거나 그들에게 호의를 베푸시는 데 그리스도는 자신의 시간을 상당 부분 사용하셨음을 발견할 것입니다.

세상에 행복보다 더 위대한 것이 하나 있습니다. 바로 거룩입니다. 거룩은 우리가 소유할 수 있는 게 아닙니다. 그러나 하나님은 우리에게 주변 사람들을 행복하게 해 줄 능력을 **부여하셨습니다**. 이는 대개 우리가 그들에게 친절을 베풀 때 가능합니다.

누군가 이렇게 말했습니다. "하늘에 계신 아버지를 위해 인간이 할 수 있는 가장 위대한 일은 그분의 다른 자녀들 몇몇에게 친절을 베푸는 것입니다." 왜 우리가 지금보다 더 친절하지 않은지 모르겠습니다. 세상이 친절을 얼마나 갈구하고 있는지요. 친절이란 베풀기도 아주 쉽고, 당장 실천할 수도 있습니다. 사람의 기억에서 좀처럼 지워지지도 않고요. 친절에는 엄청난 보상마저 따릅니다. 세상에서 사랑만큼 영예로운 채무자는 없으니까요. 영예롭기 그지없습니다. "사랑은 언제까지나 떨어지지 아니하되." 사랑은 성공이고, 행복이며, 생명입니다. 브라우닝의 말마따나 "사랑은 생명의 원동력입니다."

> 삶이 온통 기쁨 혹은 비통
> 그리고 희망과 두려움을 자아내지만,
> 그 상급은 우리가 사랑을 배울 수 있는
>   기회―
> 사랑이 어떤 것일지, 어떤 것이었는지,
>   지금은 어떤 것인지를 배우는.

사랑 있는 곳에 하나님이 계십니다. 사랑 안에 있는 사람은 하나님 안에 있습니다. 하나님은 사랑이십니다. 그러므로 **사랑하십시오**. 차별도 계산도 미룸도 없이 사랑하십시오. 가난한 사람들에게는 아끼지 마십시오. 그들을 사랑하기란 아주 쉽습니다. 특별히 부유한 자들을 사랑하십시오. 흔히 부자들은 사랑이 아주 많이 필요한 사람들입니다. 무엇보다도 우리와 동등한 수준의 사람들을 사랑하십시오. 이는 아주 어려운 일입니다. 아마도 그들은 우리가 가장 적게 사랑하는 사람들일 것입니다. **비위를 맞추는** 것과 **기쁨을 주는** 것은 다릅니다. 기쁨을 주십시오. 기쁨을 줄 기회를 놓치지 마십시오. 이것이야말로 참된 사랑의 정신으로 거둘 수 있는, 끊임없고 자신이 드러나지 않는 승리입니다.

저는 이렇게 다짐했습니다. "인생이란 단 한 번 지나가고 마는 것. 그러니 누군가에게 베풀 수 있는 선행이나 친절이 있다면, 지금 당장 실천해야지. 그 일을 미루거나 소홀히 하지 말아야지. 이 길은 한 번 지나가면 다시 오지 않을 기회이므로."

**관용.** "[사랑은] 시기하지 아니하며." 관용은 타인과 경쟁하는 가운데 이루는 사랑입니다. 선행을 하려고 할 때마다 다른 사람도 같은 일을 하는 것이 눈에 띌 것입니다. 그들이 더 훌륭하게 해낼지도 모릅니다. 그들을 시기하지 마십시오. 시기는 우리 자신과 같은 선상에 있는 사람들에게 품는 앙심으로 탐욕스럽고 비방하는 마음입니다. 기독교 관련 일이라 해서 비기독교적 감정으로부터 자유로운 경우는 거의 없습니다. 이러한 관대함의 은혜로 무장하지 않는다면, 그리스도인의 영혼에 그늘을 드리우는 모든 무가치한 감정 가운데서도 가장 천박한 감정이 모든 일의 문턱에서 우리를 기다릴 것이 뻔합니다. 그리스도인이 진실로 시기할 것이 있다면 단 하나, 넉넉하고 풍성하며 관대한 '시기하지 않는' 영혼뿐입니다.

이 모두를 배우고 나서 배워야 할 게 하나 더 있습니다. 우리의 입술을 봉인하고 우리가 한 모든 것을 잊는 **겸손**입니다. 친절을 행함으로 사랑이 세상 속에 스며들어 그 아름다운 일을 마치고 나면, 음지로 돌아가 자신이 한 일에 대해 침묵하십시오. 사랑은 자신이 한 일을 자신에게마저 숨깁니다. 사랑은 자기만족마저 포기합니다. "사랑은 자랑하지 아니하며 교만하지 아니하며."

이 최고의 선 가운데 다섯 번째 요소는 약간 색다른 느낌의 **예의**입니다. 예의는 사람들과의 관계에서 드러나는 사랑으로 예절과 관련된 사랑입니다. "[사랑은] 무례히 행하지 아니하며." 공손은 사소한 일 가운데 드러나는 사랑이라 정의할 수 있습니다. 예의란 작은 일들 속에서 이루는 사랑이라는 말이 있습니다. 공손의 비결 하나가 있습니다. 사랑하는 것입니다. 사랑이 있다면 무례하게 행동할 수 없습니다. 배움이 턱없이 부족한 사람이 최상류 모임에 들어갔다 하더라도, 그 마음에 사랑이 넉넉하다면 무례하게 행동하지 않을 것입니다. 아니, 무례하게 행동할 수 없습니다.

칼라일은 로버트 번스에 대해 말하기를, 유럽에서 이 농부 시인만큼 진정한 신사는 없다고 했습니다. 번스가 모든 것을 사랑했기 때문입니다. 그는 쥐와 데이지 꽃과 하나님이 만드신 크고 작은 모든 것을 사랑했습니다. 이 단순한 통행증으로 어떤 무리와도 어울릴 수 있었고, 에어 강기슭에 있는 그의 작은 오두막에서 궁정과 궁궐을 드나들 수 있었습니다. 우리는 '신사'라는 낱말의 의미를 알고 있습니다. 신사란 매사를 부드럽게 사랑으로 대하는 온유한 사람이란 뜻입니다. 이것이 바로 신사도의 온전한 기술이자 신비입니다. 신사라면 도리상 온유하지 못한 비신사적 행동을 하지 못할 것입니다. 온유하지 못한 영혼, 사려 없는 무정한 본성으로는 아무것도 이룰 수 없습니다. "[사랑은] 무례히 행하지 아니하며."

**비이기심.** "[사랑은] 자기의 유익을 구하지 아니하며." 보십시오. [사랑은] 자기의 것마저 구하지 않습니다. 영국인들은 자기 권리에 아등바등합니다. 당연한 일입니다. 그러나 사람이 자기 권리를 포기하는 더 고차원적인 권리를 행사할 때가 있습니다. 그렇다고 바울이 우리에게 자기 권리를 포기하라고 요청하지는 않습니다. 사랑은 훨씬 더 깊은 울림이 있습니다. 사랑이 있을 때, 우리는 자기 권리를 추구하거나 대수롭게 여기지 않으며, 개인의 이해타산을 일절 따지지 않을 것입니다. 사실 우리의 권리를 포기하기란 어렵지 않습니다. 대개 외적 권리라면 말입니다. 자기를 포기하는 것이 진짜 어려운 일입니다. 자기를 위해서 아예 아무것도 구하지 않는 일은 더 어렵습니다. 일단 자기 유익을 추구하고 사들이고 차지하고 누리게 되면, 이미 자기를 위하여 단물은 쏙 빼먹은 셈입니다. 그러면 포기라

해 봤자 아주 작은 희생일 뿐입니다. 그러나 유익 자체를 추구하지 말고, 모든 사람을 대할 때 자신의 유익이 아니라 타인의 유익이라는 관점에서 보십시오.

"네가 너를 위하여 큰 일을 찾느냐? 그것을 찾지 말라"(예레미야 45:5)고 예언자는 말했습니다. 왜 그랬을까요? 일이나 사물 자체에는 위대한 것이 없기 때문입니다. 일이나 사물은 위대할 수 없습니다. 위대한 것은 오직 비이기적 사랑뿐입니다. 심지어 자기 부인마저 그 자체로는 아무것도 아닙니다. 어쩌다 실수로 자기를 부인할 수는 있겠지요. 자기 부인이 정당화되는 것은 위대한 목적이나 보다 굳건한 사랑이 있을 때뿐입니다. 앞에서 말했듯이, 우리 자신의 유익을 구한 다음 그것을 포기하기보다 아예 구하지 않는 편이 더 어렵습니다. 이제 그 말을 거두어들여야겠습니다. 어느 정도 이기심을 품은 사람에게만 맞는 말이니까요.

사랑에는 어떤 것도 난관이 되지 않습니다. 그 무엇도 어려울 것 없습니다. 저는 그리스도의 '멍에'가 쉽다고 믿습니다. 그리스도의 '멍에'는 그리스도가 걸어가신 인생길입니다. 따라서 다른 어떤 길보다 쉽고 행복한 길이라 믿습니다.

그리스도의 가르침 가운데 가장 두드러진 것이 있습니다. 행복은 소유와 얻음이 아닌 내어 줌에만 있다는 가르침입니다. 다시 한번 말하겠습니다. **행복은 소유와 얻음이 아닌 내어 줌에만 있습니다.** 세계의 절반은 행복을 엉뚱한 곳에서 찾습니다. 사람들은 행복이 소유와 얻음에 있다고, 다른 사람들의 섬김을 받는 데 있다고 생각합니다. 행복은 내어 줌에, 다른 사람들을 섬기는 데 있습니다. "너희 중에 누구든지 크고자 하는 자는 너희를 섬기는 자가 되[라]"고 그리스도는 말씀하셨습니다(마태복음 20:26). 행복하려는 사람은 오직 하나의 길밖에 없음을 명심하십시오. 받기보다는 내어 주는 것이 더 복되고 행복합니다.

다음 요소는 아주 주목할 만한 것으로, **온화한 성품**입니다. "[사랑은 쉽게] 성내지 아니하며." 사랑을 분석할 때 이보다 더 눈에 띄는 것은 없을 겁니다. 우리는 못된 성품을 별로 해롭지 않은 약점으로만 보는 경향이 있습니다. 단순한 천성적 약점이나 가족적 결함 혹은 기질상의 문제로 말하지, 한 사람의 인격을 평가할 때 아주 진지하게 고려해야 할 사항으로는 보지 않습니다. 그러나 성품의 문제는 사랑을 분석할 때 아주 중요합니다. 성경은 못된 성품을 인간 본성에서 가장 파괴적인 요소 중 하나로 거듭 책망합니다.

거친 성품이 특이한 것은 도덕적인 사람이 저지르는 악덕이라는 점입니다. 거친 성품은 흔히 그것만 없었다면 고결했을 인격에 떨어진 한 방울 얼룩입니다. 곧잘 화를 내거나 성미가 급하거나 '과민한' 성격만 아니라면 완벽했을 사람이 있을 것입니다. 거친 성품과 고결한 도덕적 인격이 공존한다는 사실은 가장 이상하고도 서글픈 윤리 문제 중 하나입니다.

죄는 크게 두 갈래로 나뉠 수 있는데, **몸**으로 짓는 죄와 **성격**으로 짓는 죄입니다. 탕자는 첫 번째 유형으로, 탕자의 형은 두 번째 유형으로 볼 수 있습니다. 우리 사회는 아무 의심이나 이의 없이 탕자를 둘 가운데 더 악한 편으로 낙인찍을 것입니다. 과연 이게 옳을까요?

우리에게는 서로의 죄를 측량할 저울이 없습니다. 누가 더 거칠고 부드러운지는 인간이 하는 말일 뿐입니다. 성품이 더 고결하다는 사람이 저지르는 잘못은 열등한 사람이 저지르는 잘못보다 용서받기 힘들지 모릅니다. **사랑이신 분**의 눈에는 사랑을 거스르는 죄가 백 배 더 죄질이 나빠 보일 것입니다. 어떤 형태의 악도, 세속성도, 황금을 탐하는 욕심도, 술주정도 악한 성품보다 사회를 더 비기독교적으로 만들지 못합니다. 인생을 비통에 빠트리고, 공동체를 가르고, 가장 신성한 관계를 파괴하고, 가정을 황폐하게 하고, 남녀 관계를 시들게 하고, 어린이의 생기를 앗아 버리는 등, 한마디로 비참함을 자아내는 순전히 무가치한 힘을 쓰는 데는 악한 성품의 영향력이 독보적입니다.

탕자의 형을 보십시오. 도덕적이고 근면하고 참을성 있고 공손한 덕을 갖춘 그는 만점을 받을 만합니다. 그러나 지금 이 사람을 보십시오. 아버지 집 문밖에서 부루퉁해 있는 어린아이를 말입니다. "그가 노하여 들어가고자 하지 아니하거늘"(누가복음 15:28). 이 일이 아버지와 종들과 손님들의 행복에 미칠 영향을 생각해 보십시오. 탕자에게 미친 영향으로 판단하건대, 자신이 하나님의 나라 안에 있다고 주장하는 사람들의 무정한 성품 때문에 얼마나 많은 탕자들이 천국 밖에 머물러 있습니까?

형의 눈썹에 몰려 있는 천둥 구름을 **성품** 연구의 일환으로 분석해 봅시다. 그것은 무엇으로 구성되어 있을까요? 질투, 화, 자존심, 무자비, 잔인함, 자기 의, 까다로움, 완고함, 시무룩함이 이 어둡고 사랑 없는 영혼을 구성하는 요소들입니다. 또한 이것들은 그 비중은 다르지만 모든 거친 성품을 구성하는 요소들입니다. 성격으로 짓는 그러한 죄가 몸으로 짓는 죄보다 자신은 물론 타인의 삶에도 더 악하지 않은지 판단해 보십시오.

이 물음에 대해 그리스도가 친히 답하지 않으셨습니까? "내가 진실로 너희에게 이르노니 세리들과 창녀들이 너희보다 먼저 하나님의 나라에 들어가리라"(마태복음 21:31). 진실로 천국에는 이런 성품을 위한 자리가 없습니다. 그런 성격으로 할 수 있는 일이라고는 천국에 있는 모든 사람에게 천국마저 비참한 곳으로 만드는 것뿐입니다. 그러므로 그런 사람이 거듭나지 않고는 천국에 들어갈 수 없습니다. 결코 **들어갈 수 없습니다.** 천국에 들어가려면 온화한 성품을 갖추어야 함이 명백하기 때문입니다. 제 단호한 말을 오해하지 않으리라 믿습니다.

이제 성품이 왜 그리 중요한지 알아보겠습니다. 성품 자체가 아니라 성품이 드러내는 내용 때문입니다. 무례해 보이더라도 지금 제가 성품에 대해 각별히 단언하는 이유는 그 때문입니다. 성품은 사랑을 드러내는 시금석이자 지표입니다. 사랑 없는 밑바닥의 본성이 성품을 통해 드러납니다. 성품은 고질적인 속병을 드러내는 간헐적인 열병이자, 이따금씩 표면까지 빠져나와 밑바닥의 부패를 드러내는 거품이며, 경계심이 풀어질 때면 저절로 흘러나오는 가장 은밀한 영혼의 부산물 한 조각입니다. 한마디로, 끔찍하고 비기독교적인 백 가지 죄가 성품의 형태로 섬광처럼 드러납니다. 인내심과 친절과 관용과 예의와 비이기심의 결핍─이 모두가 **성품**이 한 번 번쩍임과 동시에 상징적으로 드러납니다.

그러므로 성품을 다루는 것만으로는 충분하지 않습니다. 그 원천으로 들어가 가장 깊숙한 내면의 본성을 바꾸어야 합니다. 그래야 성난 마음이 저절로 서서히 사라질 것입니다. 우리의 영혼이 부드러워지는 것은 우리 속에 있는 독기를 제거할 때가 아니라 무언가를 주입할 때, 곧 위대한 **사랑**, 새로운 영, **그리스도의 영**을 주입할 때 가능합니다. 그리스도, 곧 그리스도의 영이 우리의 영을 뚫고 들어와 모든 것을 부드럽게 하고 깨끗하게 하며 변화시킵니다. 그래야만 악한 것들을 뿌리 뽑고, 화학적 변화를 일으키며, 개조하고 거듭나게 하며 속사람을 회생시킬 수 있습니다. 의지력만으로는 사람을 바꿀 수 없습니다. 시간이 흐른다고 사람이 바뀌지 않습니다. 그리스도가 바꾸십니다. "너희 안에 이 마음을 품으라. 곧 그리스도 예수의 마음이니"(빌립보서 2:5).

우리 가운데는 시간이 얼마 남지 않은 분들도 있습니다. 이것은 삶과 죽음이 걸린 문제임을 다시 한번 명심하십시오. 저 자신과 여러분을 위해 절박하게 말하지 않을 수 없습니다. "누구든지 나를 믿는 이 작은 자 중 하나를 실족하게 하면 차라리 연자 맷돌이 그 목에 달려서 깊은 바다에 빠뜨려지는 것이 나으니라"(마태복음 18:6). 사랑하지 않느니 차라리 살지 않는 편이 더 낫다는 주 예수님의 명백한 판결입니다. **사랑하지 않느니 살**

지 않는 편이 더 낫습니다.

**정직**과 **신실**은 거의 같은 말입니다. 정직은 의심하는 사람을 위한 은혜입니다. 정직을 갖추는 것은 개인의 영향력을 미칠 수 있는 큰 비결입니다. 잠시만 생각해 보아도, 우리에게 영향을 미치는 사람은 우리를 믿어 주는 사람임을 알 수 있습니다. 의심하는 분위기에서 사람들은 위축되지만, 믿어 주는 분위기에서는 기를 펴며 격려와 배움이 있는 유대감을 발견합니다. 이 팍팍하고 무자비한 세상 도처에 아직도 악한 것을 생각하지 않는 영혼이 몇이라도 남아 있다는 것은 놀라운 일입니다. 위대한 비세속성이라 하겠습니다.

사랑은 "악한 것을 생각하지 아니하며" 사술을 부리려는 마음이 없고, 밝은 면을 보며, 모든 행위를 최선으로 해석합니다. 이런 즐거운 마음 상태라면 살 만하지 않을까요! 단 하루라도 그런 마음을 만날 수 있다면 얼마나 고무적이고 복된 일일까요! **신뢰받는 것은 구원받는 것입니다.** 다른 사람들에게 영향을 미치고 그들을 세워 주려고 노력한다면, 그 성공 여부는 우리가 그들을 신뢰한다는 사실을 그들이 얼마나 믿느냐에 달려 있음을 곧 알게 될 것입니다. 사람이 잃어버린 자존감을 회복하는 첫 단계는 타인으로부터 받는 존중이기 때문입니다. 사람의 존재에 대한 우리의 이상이 그 사람에게는 자신이 나아갈 희망과 귀감입니다.

"[사랑은] 불의를 기뻐하지 아니하며 진리[를] 기뻐하고." 이를 **신실**이라 명명했는데, 진리를 기뻐하라는 흠정역(Authorized Version, 1611년)을 반영한 것입니다. 이것이 올바른 번역이라면, 이보다 더 정확할 수는 없을 것입니다. 사랑하는 사람이라면 사람 못지않게 **진리**를 사랑할 것이기 때문입니다. 그는 **진리**를 기뻐할 것입니다. 믿으라고 배워 온 것, 이런저런 교회의 교리나 이런저런 사상이 아니라, "**진리를**" 기뻐할 것입니다. 진실만 받아들이고, 사실을 찾기 위해 노력하고, 겸손하고 편견 없는 마음으로 **진리**를 탐구하며, 무엇이든 발견한 것이 있다면 어떤 희생을 치르더라도 고이 간직할 것입니다. 더 문자적인 번역에 충실한 개역판(Revised Version, 1885년)에서는 진리를 위한 그와 같은 희생을 촉구하기도 합니다. 앞서 읽은 바와 같이, 바울이 진정으로 의미하는 바는 "불의를 기뻐하지 아니하며 진리와 함께 기뻐하[는 것]"이기 때문입니다. 이는 영어 단어 하나로는 적절히 규정할 수 없는 특성입니다. 분명 신실이라는 단어로도 충분하지 않습니다. 더 엄밀히 말하면, 다른 사람의 잘못을 이용하기를 거부하는 자제력, 다른 사람의 약점 들추어내기를 즐기지 않고 '모든 것을 덮어 주는' 자비심, 매사를 그 자체로 보려고 애쓰며 의심하거나 비방하기보다 더 나은 점을 보기를 즐기는 순수한 의도를 말합니다.

사랑을 분석하면 이외에도 훨씬 더 많습니다. 이제 우리가 당면한 삶의 과제는 지금까지 다룬 것들을 우리 인격에 적용하는 것입니다. 이는 우리가 이 세상에서 살며 전념해야 할 최고의 과업, 즉 사랑을 배우는 것입니다. 삶은 사랑을 배울 기회로 넘쳐나지 않습니까? 우리 모든 사람에게는 매일 수많은 기회가 있습니다. 세상은 놀이터가 아니라 교실입니다. 삶은 휴일이 아니라 수업일입니다. 그리고 우리 모두에게 주어진 영원한 학습 과제 하나가 있습니다. **우리가 얼마나 더 제대로 사랑할 수 있느냐** 하는 것입니다.

훌륭한 크리켓 선수가 되려면 무엇이 필요할까요?

훈련이 필요합니다. 훌륭한 화가, 훌륭한 조각가, 훌륭한 음악가가 되려면 무엇이 필요할까요? 훈련이 필요합니다. 훌륭한 언어학자, 훌륭한 속기사가 되려면 무엇이 필요할까요? 훈련이 필요합니다. 훌륭한 사람이 되려면 무엇이 필요할까요? 훈련이 필요합니다. 훈련 말고는 없습니다. 종교에 관한 한 변칙이란 없습니다.

영혼의 단련은 심신의 단련과 동떨어진 방식이나 법칙으로 이루어지지 않습니다. 팔 운동을 하지 않으면 이두박근이 발달하지 않습니다. 영혼을 단련하지 않으면 영혼의 근육도, 인격의 힘도, 도덕 섬유질의 활력도, 영적 성장의 아름다움도 생기지 않습니다. 사랑은 열정적 감정의 문제가 아닙니다. 사랑은 그리스도인의 인격이 전방위에 걸쳐 풍부하고 강력하고 떳떳하고 활기차게 드러나는 것입니다. 그리스도를 닮은 본성이 충만하게 성숙된 것입니다. 이 위대한 인격의 구성 요소들은 끊임없는 훈련으로 자라날 뿐입니다.

그리스도는 목공소에서 무슨 일을 하셨을까요? 훈련하셨습니다. 성경에 나타난 바와 같이, 그분은 완전한 분이면서도 순종을 **배우셨습니다**. 지혜가 **자라며** 하나님과 사람의 사랑을 받으셨습니다. 그러므로 주어진 삶에 대해 불평하지 마십시오. 끊임없는 걱정, 허접한 환경, 견뎌야 할 고통, 더불어 살며 함께 일해야 하는 보잘것없고 추잡한 영혼들에 대해 불평하지 마십시오. 무엇보다도 시험을 당할 때 분개하지 마십시오. 삶이 점점 더 버거운 것 같고, 노력과 고뇌와 기도를 멈추지 않을 수 없다고 당황하지 마십시오. 이는 하나님이 우리에게 허락하신 연단입니다. 이를 통해 우리는 인내와 겸손과 관대함과 비이기심과 친절과 예의를 갖추게 됩니다.

우리 안에서 아직 형태가 갖추어지지 않은 형상을 다듬고 있는 손을 못마땅해하지 마십시오. 지금은 보이지 않지만, 그 형상은 더 아름답게 자라고 있습니다. 매번 당하는 시험도 완전에 이르는 과정일 수 있습니다. 그러므로 삶의 한가운데 머무십시오. 도피하지 마십시오. 사람들과 일들, 문제들, 어려움들, 장애들 가운데 머무십시오. 괴테의 말을 기억하십시오. "재능은 고독 속에서 자라고, 인격은 세상 풍파 속에서 자란다." 재능은 고독 속에서 자랍니다. 기도와 믿음과 명상과 보이지 않는 것들을 보는 재능 말입니다. 인격은 세상 삶의 풍파 속에서 자랍니다. 사람이 사랑을 배워야 할 곳은 주로 세상 풍파 속입니다.

어떻게요? 이제 어떻게 하느냐고요? 쉽게 이해할 수 있도록 이미 몇 가지 사랑의 요소들을 열거한 바 있습니다. 그러나 그것들은 구성 요소들일 뿐입니다. 사랑 그 자체는 결코 규정될 수 없습니다. 빛은 그 빛을 구성하는 요소들의 총합 이상의 그 무엇으로서, 빛나고 눈부시고 떨리는 에테르입니다. 그리고 사랑은 그 사랑을 구성하는 모든 요소들 이상의 그 무엇으로서, 두근거리고 떨리고 민감해지고 살아 있는 것입니다. 모든 빛깔을 종합하여 흰빛을 만들 수는 있지만, 사람이 빛 자체를 만들 수는 없습니다. 모든 덕들을 종합하여 덕을 만들 수는 있지만, 사랑을 만들 수는 없습니다. 그렇다면 우리는 어떻게 이 초월적 삶을 우리 영혼에 온전히 옮겨 놓을 수 있을까요? 우리는 이 초월적 삶을 들여놓기 위해 의지를 굳건히 하기도 합니다. 그것을 소유한 사람을 모방하기도 합니다. 그것에 대한 법칙을 정하기도 합니다. 살피기도 합니다. 기도하기도 합니다. 그러나 이런 것들만으로 우리의 본성에 사랑을 들여놓을 수 없습니다. 사랑은 **결과**입니다. 따라서 올바른 조건을 충족할 때라야 그런 결과를 낳을 수 있습니다. **원인**이 무엇인지 말씀드리겠습니다.

요한일서를 개역판으로 읽어 보면, 이런 말씀이 나옵니다. "우리가 사랑하는 것은 하나님이 우리를 먼저 사랑하셨기 때문입니다"(요한일서 4:19, 새번역). "우리가 사랑하는 것"이지 "우리가 **그분을** 사랑하는 것"이 아닙니다. 옛 번역에서는 "우리가 그분을 사랑하는 것"으로 번역하는데 아주 잘못된 것입니다. "우리가 사랑하는 것은 **하나님이 우리를 먼저 사랑**하셨기 때문입니다." "때문"이란 단어에 주목합시다. 이것이 바로 제가 앞서 말한 **원인**입니다. "하나님이 우리를 먼저 사랑하셨기 **때문**"에, 그 결과 우리가 사랑하는 것입니다. 그분을 사랑하고 모든 사람을 사랑하는 것입니다. 우리는 사랑하지 않을 수 없습니다. 하나님이 우리를 사랑하셨기 때문에, 우리는 사랑합니다. 모든 사람을 사랑합니다. 우리의 마음은 서서히 바뀌어 갑니다. 그리스도의 사랑을 마음 깊이 새기면, 사랑하게 될 것입니다. 그 사랑의 거울 앞에 서서 그리스도의 인격을 반영하면, 우리는 그분처럼 온유하기 그지없는 모습으로 변화될 것입니다. 다른 길은 없습니다. 의무 때문에 사랑할 수는 없습니다. 다만 우리는 사랑의 대상을 바라보고, 그 대상과 사랑에 빠지며, 그 대상을 닮기까지 자랄 수 있을 뿐입니다.

그러므로 **완전한 인격**이자 **완전한 생명**이신 이분을 바라보십시오. 전 생애에 걸쳐 자신을 온전히 내려놓고 갈보리 십자가에 달리신 위대한 **희생 제물**을 바라보십시오. 그러면 틀림없이 그분을 사랑하게 될 것입니다. 그분을 사랑하면 그분과 같아질 것입니다. 사랑은 사랑을 낳습니다. 이는 일종의 유도 과정입니다. 자성체에 쇠붙이 조각 하나를 갖다 대면, 그 쇠붙이는 일시적으로 자성을 띱니다. 원래의 자력만 있어도 쇠붙이는 끌어당기는 인력을 띠게 됩니다. 그래서 그 둘을 서로 곁에 두기만 해도, 그 둘은 똑같은 자석입니다. 우리를 사랑하시고 우리를 위해 자신을 내어 주신 그분 곁에 머물러 있으면, 우리 역시 능력의 중심이자 영원한 인력이 될 것입니다. 그래서 그분처럼 우리는 모든 사람을 우리에게로 끌어들이는 동시에 우리 또한 모든 사람에게 끌려갈 것입니다. 이것이 바로 사랑의 불가피한 결과입니다. 누구든지 이 사랑의 원인을 갖추면, 그 사람에게서는 그런 결과가 나올 수밖에 없습니다.

종교가 어떤 우연이나 신비나 갑작스러운 변덕에 의해 우리에게 온 것이라는 생각을 버리십시오. 종교는 자연법칙이나 초자연적 법칙으로 우리에게 다가옵니다. 모든 법칙은 하나님의 법칙이기 때문입니다. 언젠가 에드워드 어빙이 죽어 가는 소년을 보러 간 일이 있습니다. 어빙은 방으로 들어가 아픈 아이의 머리에 손을 얹고 "애야, 하나님이 널 사랑하신다"라 말하고 떠났습니다. 그러자 소년은 자리를 박차고 일어나 집안에 있는 사람들에게 외쳤습니다. "하나님이 저를 사랑하십니다! 하나님이 저를 사랑하신다구요!" 소년은 변화되었습니다. 하나님이 자신을 사랑하신다는 생각이 소년을 압도하고 그 마음을 녹여 그 안에 새로운 마음을 창조하기 시작했습니다. 이런 방식으로 하나님의 사랑은 사람 안에 있는 보잘것없는 마음을 녹여 그 안에 오래 참고

겸손하고 비이기적인 새로운 피조물을 태어나게 합니다. 다른 방법은 없습니다. 거기에 어떤 비법도 없습니다. 우리가 다른 사람을 사랑하고 모든 사람을 사랑하고 원수를 사랑하는 것은, 그분이 먼저 우리를 사랑하셨기 때문입니다.

사
랑
의
　
옹
호

❧

이제 마지막으로, 바울이 사랑을 최고의 소유로 선택한 이유에 대해 한두 마디 덧붙이겠습니다. 아주 주목할 만한 이유입니다. 한마디로, **사랑은 영원하기 때문입니다**. 바울은 "사랑은 언제까지나 떨어지지 아니하되"라고 역설합니다. 그리고 다시금 당대에 대단하게 생각하던 것들로 이루어진 엄청난 목록들 가운데 하나를 가져와, 그것들을 하나씩 풀어내기 시작합니다. 사람들이 영원하리라 생각하던 것들을 훑으면서, 그 모두가 순간적이고 임시적이며 지나가는 것임을 보여 줍니다.

"예언도 폐하고." 당시에는 아들이 예언자가 되는 것이 어머니들의 소원이었습니다. 하나님이 어떤 예언자를 통해서도 말씀하지 않으신 지 수백 년이 흘렀습니다. 그래서 당시 예언자는 왕보다 위대했습니다. 사람들은 또 다른 메신저가 오기를 애타게 기다렸습니다. 그래서 그가 나타나자 마치 하나님의 음성인 듯 그의 입술에 귀 기울였습니다. 바울은 말합니다. "예언도 폐하고." 성경은 예언으로 가득합니다. 예언은 하나씩 폐하였습니다. 즉 예언은 그것이 이루어지고 나면 그 역할이 끝난다는 말입니다. 독실한 사람의 믿음을 충족시키는 것 말고 이제 예언이 이 세상에서 할 일은 없습니다.

다음으로 바울은 방언에 대해 말합니다. 사람들이 대단히 갈망하는 또 다른 것입니다. "방언도 그치고." 모두가 아는 바와 같이, 방언이 세상에 알려진 후로 수많은 세월이 흘렀습니다. 방언은 그쳤습니다. 방언을 어떤 의미로 받아들여도 좋습니다. 가령, 방언을 일반 언어로 받아들여 보십시오. 물론 바울이 그런 의미로는 생각조차 하지 않았습니다만. 이를 통해 특정한 가르침을 얻지는 못하겠지만, 일반적 진리에는 이를 것입니다. 고린도전서가 기록될 당시의 언어, 곧 그리스어를 생각해 보십시오. 그 언어는 사라졌습니다. 당시의 다른 거대 언어인 라틴어를 생각해 보십시오. 그것도 오래전에 그쳤습니다. 인도어를 보십시오. 사라지고 있습니다. 웨일스와 아일랜드와 스코틀랜드 고지의 언어가 우리 눈앞에서 사라져 가고 있습니다. 현재 성경 외에 영어로 된 가장 대중적인 책은 디킨스의 작품들 가운데 하나인 『픽윅 보고서』입니다. 대개 런던의 거리 언어로 쓰인 책인데, 전문가들은 50년이 지나면 보통 수준의 영어 독자들은 이해하지 못할 거라고 합니다.

바울은 한층 더 대담하게 나갑니다. "지식도 폐하리라." 고대인들의 지혜가 어디에 있습니까? 모두 사라졌습니다. 오늘날의 학생은 아이작 뉴턴 경보다 더 많이 압니다. 뉴턴의 지식은 사라지고 말았습니다. 어제의 신문은 아궁이에 던져 넣기 마련입니다. 그 속의 지식은 사라져 버렸으니까요. 대백과사전 구판이라면 까짓 몇 푼만 주고도 살 수 있습니다. 거기 담긴 지식은 사라져 버렸습니다. 증기기관의 사용으로 마차가 어떻게 대체되었는지 보십시오. 전기가 어떻게 증기기관을 대체했고, 거의 새로운 발명품 수백 가지를 흔적도 없이 쓸어버렸는지 보십시오. 현존하는 위대한 권위자들 가운데 한 분인 윌리엄 톰슨 경이 얼마 전에 이런 말을 했습니다. "증기기관이 사라져 갑니다." "지식도 폐하리라." 공업소마다 뒤뜰에 가 보면, 낡은 쇠 더미와 바퀴와 지렛대와 크랭크들이 부서지고 녹슨 채 나뒹굴고 있을 것입니다. 20년 전만 해도 그것들은 도시의 자랑이었습니다. 위대한 발명품을 보려고 시골에서 사람들이 몰려왔지만, 이제는 모든 게 대체되고, 그 시절은 지나갔습니다. 이 시대의 우쭐대는 과학과 철학도 머지않아 모두 구닥다리가 될 것입니다.

얼마 전만 해도 에든버러 대학 교수진 가운데 가장 뛰어난 인물은 마취제 클로로폼을 발견한 제임스 심슨 경이었습니다. 얼마 전, 그의 후계자이자 조카인 심슨 교수는 대학 사서로부터 부탁을 하나 받았습니다. 도서관에 가서 더 이상 필요 없는 그의 전공 분야 책들을 추려 달라는 부탁이었습니다. 그러자 심슨 교수가 사서에게 대답했습니다. "10년 넘은 교과서는 모두 뽑아내지하 저장실에 갖다 두세요." 몇 년 전만 해도 제임스 심슨 경은 대단한 권위자였습니다. 세계 도처에서 그의 자문을 듣기 위해 사람들이 찾아왔습니다. 그러나 그 당시의 거의 모든 학설은 오늘날의 과학에 의해 깡그리 잊히고 말았습니다. 모든 과학 분과에서도 마찬가지입니다. "우리는 부분적으로 알고…거울로 보는 것 같이 희미하나."

무엇이든 영원히 지속될 것을 말해 보십시오. 바울은 굳이 많은 것을 열거하지 않았습니다. 돈과 재산과 명성을 언급하지는 않았지만, 바울은 당대 최고라 할 만한 사람들이 중요하다고 생각하던 것들을 가려낸 후 그것들을 단호히 쓸어내 버렸습니다. 바울이 그것들 자체를 비난한 것은 아닙니다. 영원히 지속되지 않을 거라고만 했습니다. 중요하기는 하지만 최고는 아니었습니다. 그것들을 넘어서는 것들이 있었습니다. 우리의 존재는 우리의 일과 소유 그 이상입니다.

사람들이 죄라 비난하는 많은 것은 죄가 아니라, 일시적인 것입니다. 이는 신약에서 애용되는 논증입니다. 요한은 세상에 대해 말할 때, 그것이 잘못이라 하지 않고 단지 "지나가는" 것이라고 합니다. 세상에는 즐겁고 아름다운 것들이 아주 많습니다. 대단하고 마음을 사로잡는 것들이 많습니다. 그러나 영원히 지속되지는 못합니다. 안목의 정욕과 육체의 정욕과 이생의 자랑 같은 세상 모든 것은 잠시뿐입니다. 그러므로 세상을 사랑하지 마십시오. 세상의 그 무엇에도 생명과 불멸의 영혼을 바칠 만한 가치가 없습니다. 불멸의 영혼은 불멸하는 무언가에 자신을 바쳐야 합니다. 오직 불멸하는 것들은 이런 것들입니다. "그런즉 믿음, 소망, 사랑, 이 세 가지는 항상 있을 것인데 그 중의 제일은 사랑이라."

이 셋 가운데 둘이 사라질 때가 올 수 있다고 생각하는 사람도 있습니다. 믿음은 보이게 되고, 소망은 결실을 맺는다고 말입니다. 그러나 바울은 그렇게 말하지 않습니다. 다가오는 생명이 어떤 상태일지 지금 우리는 거의 알지 못합니다. 그러나 분명한 것은 사랑이 영원할 거라는 점입니다. 하나님, 곧 영원하신 하나님은 사랑이십니다. 그러므로 영원한 선물, 존속할 것이 확실한 한 가지, 곧 세상 모든 나라의 모든 화폐가 쓸모 없어지고 지불이 거절될 때라도 온 우주에서 통용될 하나의 화폐를 구하십시오. 많은 것에 헌신할 수 있겠지만, 먼저 사랑에 헌신하십시오. **매사에 분수를 지키십시오.** 적어도 우리 인생에서 이룰 첫 번째 위대한 목적은 이 말씀에서 옹호하는 인격을 이루는 일입니다. 이는 사랑의 터 위에 세워진 인격으로서 그리스도의 인격입니다.

이것이 영원함은 이미 말씀드렸습니다. 요한이 얼마나 지속적으로 사랑과 믿음을 영생과 연결하는지 알고 있는지요? 저는 어린 시절에 "하나님이 세상을 이처럼 사랑하사 독생자를 주셨으니 이는 그를 믿는 자마다 멸망하지 않고 영생을 얻게 하려 하심이라"(요한복음 3:16)는 말은 들어 보지 못했습니다. 그 대신, 하나님이 세상을 이처럼 사랑하시기 때문에, 그를 믿으면 평화나 안식이나 기쁨이나 안전을 얻으리라는 말을 들었던 기억이 납니다. 그러나 그를 믿는 자마다 **영생**을 얻는다는 것만큼은 스스로 알아내야 했습니다. 그를 믿는 자는 그를 사랑하는 자를 말하는데, 이는 사랑에 이르는 유일한 통로가 믿음이기 때문입니다. 복음은 사람에게 생명을 줍니다.

사람들에게 복음을 극소량만 제공하지 마십시오. 단지 기쁨, 단지 평화, 단지 안식, 단지 안전만 전하지 마십시오. 사람들이 가진 것보다 더 풍성한 생명, 곧 사랑 가운데 누리는 풍성한 생명을 주시려고 그리스도가 어떻게 오셨는지, 그래서 사람들로 하여금 자신의 구원을 풍성히 누리게 함은 물론, 넓게는 세상의 짐을 덜어 주고 구원하는 과업을 수행하신 것에 대해 전하십시오. 그래야만 복음이 몸과 마음과 영, 곧 전인을 사로잡아 인간 본성 각 부분에 적절한 연단과 보상을 제공할 수 있습니다.

오늘날 허다한 복음들이 인간 본성의 한 부분만 다룹니다. 생명 없는 평화, 사랑 없는 믿음, 중생 없는 칭의를 제시합니다. 그래서 사람들은 그러한 종교로부터 다시 이탈합니다. 그런 것들로는 사람을 사로잡지 못하기 때문입니다. 그 속에는 사람의 본성 모두가 반영되어 있지 않습니다. 이전에 살던 삶보다 더 깊고 더 기쁜 현재의 삶을 제공하지 못합니다. 이는 더 충만한 사랑만이 세상의 사랑과 경합할 수 있다는 당연한 사실을 확고히 해 줍니다.

풍성한 사랑이 곧 풍성한 삶이고, 영원한 사랑이 곧 영원한 삶입니다. 그러므로 영생은 사랑과 불가분의 관계로 엮여 있습니다. 우리는 내일 살고 싶은 것과 똑같은 이유로 영원히 살고 싶어 합니다. 우리는 왜 내일 살고 싶어 하는 걸까요? 우리를 사랑하는 사람이 있어, 그 사람을 내일도 보고 싶고 함께 있고 싶고 사랑을 돌려주고 싶기 때문입니다. 사랑하고 사랑받는 것 말고 우리가 살아야 할 다른 이유는 없습니다.

사람이 자살하는 것은 자신을 사랑하는 사람이 아무도 없을 때입니다. 사랑을 주고받을 친구가 있는 한 사람은 어쨌든 살아갈 것입니다. 산다는 것은 사랑하는 것이기 때문입니다. 하다못해 강아지라도 사랑해야 삶을 지탱할 것입니다. 그러나 강아지마저 떠나면, 생명과 접촉이 없어지는 셈이니 살 이유가 없어지고 맙니다. '삶의 원동력'이 사라진 것입니다.

영생은 또한 하나님을 아는 것이고, 하나님은 사랑이십니다. 이는 그리스도가 친히 내리신 정의입니다. 이를 깊이 생각하십시오. "영생은 곧 유일하신 참 하나님과 그가 보내신 자 예수 그리스도를 아는 것이니이다"

(요한복음 17:3). 사랑은 영원하지 않을 수 없습니다. 사랑이 곧 하나님입니다. 마지막 분석에서 사랑이 곧 생명이라고 했습니다. 사랑은 결코 폐하지 않고, 사랑이 있는 한 생명도 결코 폐하지 않습니다. 이것이 바로 바울이 우리에게 보여 주는 철학입니다. 사랑이 당연히 최고인 이유가 있습니다. 사랑은 영원히 존속할 것이며, 당연히 사랑은 영원한 생명이기 때문입니다. 이 생명은 우리가 지금 당장 살며 누리는 것이지, 죽을 때 얻는 것이 아닙니다. 지금 우리가 살아 있지 않다면, 죽을 때 생명을 얻을 가능성은 희박해집니다.

사랑하지도 사랑받지도 않은 채 홀로 살고 늙는 것보다 사람에게 더 불행한 운명은 이 세상에 없습니다. 잃어버린 자가 된다는 것은 거듭나지 않은 상태로, 곧 사랑하지도 사랑받지도 않은 채 사는 것입니다. **구원받는다는 것은 사랑하는 것입니다.** 사랑 안에 거하는 사람은 이미 하나님 안에 거합니다. 하나님은 사랑이시기 때문입니다.

이제 할 말은 다 했습니다. 앞으로 석 달 동안 일주에 한 번 고린도전서 13장을 읽으십시오. 그렇게 해서

삶이 온통 바뀐 사람도 있습니다. 그렇게 해 보시겠습니까? 세상에서 가장 위대한 것을 위해서 말입니다. 이 본문을 읽으면서 매일매일을 시작할 수 있습니다. 특별히 완전한 인격을 묘사하는 절들에 주목하면서 말이죠. "사랑은 오래 참고, 사랑은 온유하며, 시기하지 아니하며, 사랑은 자랑하지 아니하며." 이러한 요소들을 당신의 삶으로 받아들이십시오. 그러면 당신이 하는 모든 일이 영원할 것입니다. 실천할 만하고 시간을 투자할 만한 가치가 충분한 일입니다. 잠을 자면서 성자가 될 수 있는 사람은 없습니다. 필요조건을 충족하려면, 일정 정도 기도와 명상과 시간이 필요합니다. 신체든 정신이든, 어느 쪽으로든 발전이 있으려면 준비와 노력이 필요한 것과 같습니다.

하나에만 전념하십시오. 어떤 값을 치르더라도 이 초월적 인격을 당신의 것으로 삼으십시오. 삶을 돌이켜 보면, 삶에서 기억되는 순간 곧 진실로 살아 있던 순간은 사랑의 마음으로 살았던 때임을 깨달을 것입니다. 과거의 기억을 훑어보면, 주변 사람에게 남몰래 친절을 베풀 수 있었던 최고의 순간들이 인생의 모든 덧

없는 쾌락을 넘어 눈에 띌 것입니다. 말하기조차 부끄러운 너무 사소한 일들이지만, 우리가 영원한 생명으로 들어갔다고 느끼게 하는 일들입니다. 하나님이 만드신 아름다운 것들을 거의 모두 보았고, 하나님이 인간을 위해 계획하신 쾌락을 거의 모두 즐겨 왔습니다. 그러나 돌이켜 보니, 하나님의 사랑이 제 어설픈 모방 곧 작은 사랑의 행위 속에 반영되었던 짧은 경험 너덧 개가 이제는 지나가 버린 모든 삶 위에 두드러집니다. 인생 전체에 유독 이런 것들만 남아 있는 것 같습니다. 우리 일생에 다른 모든 것들은 일시적입니다. 다른 선일랑 모두 한낱 몽상입니다. 그러나 아무도 모르거나 끝내 알 수 없는 사랑의 행위들, 이것들은 결코 폐하지 않습니다.

마태복음에서는 왕좌에 앉은 이가 양과 염소를 가르는 이미지로 심판일을 묘사합니다. 사람을 판단하는 기준은 '어떻게 믿었는가'가 아니라 '어떻게 사랑했는가'입니다. 종교 심판, 곧 최후의 종교 심판은 종교성이 아니라 **사랑**을 심판하는 것입니다. 그 위대한 날에 있을 종교에 대한 최후 심판의 기준은 종교성이 아닌 사랑입니다. 내가 한 일도 내가 믿은 것도 내가 성취한 일도 아닌, 살면서 **일상적** 자비를 어떻게 이행했는가입니다.

무시무시한 고소장에 실리는 범죄는 언급조차 없습니다. 우리는 하지 않은 일들, 곧 **태만 죄**로 심판받습니다. 달리 심판받는 게 아닙니다. 사랑을 유보하는 것은 그리스도의 영을 부정하는 것이고, 우리가 그분을 알지 못했다는 증거이며, 우리를 위한 그분의 삶을 헛되게 하는 일이기 때문입니다. 이는 그리스도가 우리의 모든 사고에 아무 제안도 하지 않으셨다는 뜻이고, 우리의 모든 삶에 아무 영감도 주지 않으셨다는 뜻이며, 세상을 위한 그분의 긍휼에 사로잡힐 정도로 우리가 그분과 한 번도 가까운 적이 없었다는 뜻입니다. 다음과 같은 말입니다.

> 나는 내 힘으로 살았고, 스스로 생각했으며,
> 오직 나 홀로, 나 말고는 아무도 없었으니—
> 마치 예수님이 사셨던 일이 아예 없던 것처럼,
> 마치 그분이 죽으셨던 일이 아예 없던 것처럼.

세상 나라들이 모일 자리는 **사람의 아들** 앞입니다. 우리가 심판받을 자리는 **사람이** 있는 자리입니다. 그리고 그 광경 자체, 곧 단순한 그 장면 자체로 조용히 한 사람 한 사람을 심판할 것입니다. 그곳에는 우리가 만나 도왔던 사람들이 자리할 것입니다. 혹은 우리가 무시하거나 멸시한 가엾은 무리가 자리할 것입니다. 굳이 다른 증인을 소환할 필요가 없습니다. **사랑 없음** 말고 다른 어떤 고발도 필요하지 않을 것입니다.

　　속지 마십시오. 바로 그날 우리 모두가 듣게 될 말은 신학이 아닌 생명의 소리, 교회와 성자가 아닌 굶주린 사람과 가난한 사람의 소리, 신조와 교리가 아닌 대피처와 옷가지 소리, 성경과 기도서가 아닌 그리스도의 이름으로 건넨 냉수 잔 소리일 것입니다. 오늘날의 기독교가 세상의 필요에 더 다가간다는 점에 대해 하나님께 감사합니다. 그 필요에 힘을 보태며 사십시오. 사람들이 종교가 무엇인지, 하나님이 어떤 분이신지, 그리스도가 어떤 분이신지, 그리스도가 어디 계신지 아주 조금이라도 더 잘 알게 되어 하나님께 감사합니다.

그리스도는 누구십니까?

배고픈 사람을 먹이시고 헐벗은 사람을 입히시고 아픈 사람을 찾아 주신 분입니다.

그리스도는 어디에 계십니까?

"누구든지 내 이름으로 이런 어린 아이를 영접하면 곧 나를 영접함이요"(누가복음 9:48).

누가 그리스도의 사람입니까?

"사랑하는 자마다 하나님으로부터 [난 자들입니다]" (요한일서 4:7).

옮긴이 **신현기**는 IVP 대표로 일했다. 『기도: 하나님과의 우정』『어린이를 위한 내 마음 그리스도의 집』『유진 피터슨의 아주 특별한 선물』(이상 공역), 『모든 사람을 위한 로마서』『사랑하는 엄마 아빠께』『살아 있는 교회』『새로운 청년 사역이 온다』『영성의 깊은 샘』『1세기 교회 예배 이야기』(이상 IVP), 『사회적 하나님』(청림), 『이 사람을 보라』(살림) 및 소책자와 성경 공부 교재 여럿을 번역하였다.

## 사랑, 세상에서 가장 위대한

초판 발행_ 2018년 7월 16일
초판 4쇄_ 2023년 5월 25일

지은이_ 헨리 드러몬드
옮긴이_ 신현기
펴낸이_ 정모세

펴낸곳_ 한국기독학생회출판부
등록번호_ 제2001-000198호(1978.6.1)
주소_ 04031 서울 마포구 동교로 156-10
대표 전화_ (02)337-2257  팩스_ (02)337-2258
영업 전화_ (02)338-2282  팩스_ 080-915-1515
홈페이지_ http://www.ivp.co.kr  이메일_ ivp@ivp.co.kr
ISBN 978-89-328-2151-1

ⓒ 한국기독학생회출판부 2018

책값은 뒤표지에 있습니다.
무단 전재와 복제를 금합니다.